学生健康自我成长课程

主　编　季　苹
副主编　涂元玲　赵雪汝　杨　玲

我的美好时光

学习手册

李红莲　张雪莲　主编

学校：_____

班级：_____

姓名：_____

教育科学出版社
·北京·

出 版 人　李　东
责任编辑　何　薇
插画设计　张亦伦
版式设计　宗沅书装　吕　娟
责任校对　贾静芳
责任印制　叶小峰

图书在版编目（CIP）数据

我的美好时光学习手册／李红莲，张雪莲主编．—
北京：教育科学出版社，2019.8（2022.9重印）
　　学生健康自我成长课程／季苹主编
　　ISBN 978-7-5191-1958-4

　　Ⅰ.①我…　Ⅱ.①李…　②张…　Ⅲ.①心理健康—健
康教育—青少年读物　Ⅳ.① G444-49

中国版本图书馆 CIP 数据核字（2019）第 167054 号

学生健康自我成长课程
我的美好时光学习手册
WO DE MEIHAO SHIGUANG XUEXI SHOUCE

出 版 发 行	教育科学出版社			
社　　　址	北京·朝阳区安慧北里安园甲 9 号	邮　　编	100101	
总编室电话	010-64981290	编辑部电话	010-64981277	
出版部电话	010-64989487	市场部电话	010-64989009	
传　　　真	010-64891796	网　　址	http://www.esph.com.cn	
经　　　销	各地新华书店			
制　　　作	宗沅书装			
印　　　刷	天津市光明印务有限公司			
开　　　本	880 毫米 ×1230 毫米　1/16	版　　次	2019 年 8 月第 1 版	
印　　　张	4.75	印　　次	2022 年 9 月第 3 次印刷	
字　　　数	56 千	定　　价	32.00 元	

让我们一起走进美好时光

亲爱的同学：

　　你好！

　　不知不觉间，我们学习健康自我成长课程已经一年了。在这一年中，你的情绪觉察是否变得更敏锐、情绪色彩是否变得更温暖了？你是否觉得自己更能理解他人的情绪，更能细心地体会他人的需要与反应了呢？我相信答案是肯定的。你一定体会到了成长的快乐！

　　接下来，让我们一起用心去感受生活中的各种美好，让我们的情绪色彩更温暖，让我们的生活更幸福。

　　你听说过蝴蝶蜕变的故事吗？你能想象蝴蝶经过痛苦的挣扎，破茧而出，扇着美丽的翅膀自由飞翔的画面吗？如果你是那只蝴蝶，忍受了极大的痛苦、付出了极大的努力，最终翱翔于蓝天下、飞舞于花丛中，你就会感受到：这样的快乐多么不一般啊！

　　你一定还记得爸爸妈妈精心照顾你时给你带来的美好感受。家庭生活的温馨画面有很多，让我们回到这些画面里，细细地体会其中的美好吧！

在学校里，你喜欢和同伴一起玩耍吗？这其中的快乐，你仔细体会过吗？从一年级开始，你就在一个班级中和同学们一起学习、成长，这种团队生活又给你带来了怎样的快乐呢？

让我们一起回忆并重新发现生活中的各种快乐吧。我相信，通过这个学期的学习，你感受快乐和美好的能力会增强，你也会成为一个更加幸福的人。

为了学好这学期的课程，我想给你提两点建议。第一，要勇敢地说出自己真实的生活经历以及你当时的情绪感受。只有这样，你才能走进自己的内心世界，找到解决问题的方法，同时，你也能发现曾经被自己忽略的美好。第二，希望你坚持练功。这学期我们将学习获得快乐的重要方法——美好回忆法、美好憧憬法、善待冲突法等，只有好好练功，你才能掌握快乐的秘诀。

让我们共度健康自我成长课程学习中的美好时光吧！

爱你的老师

CONTENTS | 目 录

第一单元
我爱这不一般的美好

第一课时　蝴蝶的美好

学习目标

1.能够通过回忆快乐的故事发现自己生活中的诸多快乐，知道快乐有大小之分。

2.能够分辨出不一般的快乐，知道战胜挫折获得的快乐是不一般的快乐，是自我成长的快乐。

3.能够体会自己生活中"不一般的快乐"的美好。

走进美好时光

请你和同学们一起读一读本书最前面老师写给你们的信，让我们一起走进美好时光吧！

活动一　我的快乐清单

1.填写快乐清单

请你在下面的快乐清单上写出自己的快乐事例和情绪词语，并在后面的直尺图上圈出快乐度（图中的快乐度最高为 10）。

我的快乐清单

快乐的事	情绪词语	快乐度
1.		
2.		

2. 分享快乐故事

你愿意与大家分享自己的快乐故事吗？请把你的快乐故事简要地写在下面。

_____

活动二　蝴蝶的美好

1. 了解蝴蝶的蜕变

如果你是一只蝴蝶，在茧里你会是什么样的情绪，破茧而出展翅高飞后又会是什么样的情绪？

在茧里：_____

展翅高飞后：_____

2. 情景故事

蝴蝶的启示 [1]

一天，一只茧上裂开了一个小口，蝴蝶在茧里艰难地挣扎着，想从裂开的小口中钻出来。有个人正好看到这一幕，他就一直观察着。

很长时间过去了，蝴蝶似乎没有任何进展。

看样子它已经竭尽全力，不能再前进一步了。

这个人看得实在心疼，决定帮助蝴蝶。他拿来一把剪刀，小心翼翼地将茧破开。蝴蝶很容易地挣脱出来，但是它的身体肥肿，翅膀细弱，翅膀紧紧地贴着身体。

他接着观察，期待着在某一时刻，蝴蝶的翅膀会伸展开来，足以支撑它的身体，让它成为一只健康美丽的蝴蝶。

然而，这一刻始终没有出现。

实际上，这只蝴蝶在余下的时间里都要极其可怜地带着肥肿的身子和瘪塌的翅膀爬行，它永远也无法飞起来了。

这个好心人并不知道，蝴蝶从茧上的小口挣扎而出，这是上天的安排。蝴蝶要通过这一挤压过程将体液从身体里挤压到翅膀里，让翅膀强壮起来，这样它才能在脱茧而出后展翅飞翔……

---

[1] 本故事改编自：佚名.蝴蝶的启示［EB/OL］.［2018-09-20］. http://www.taodocs.com/P-1365326.html.

3. 讨论

你觉得靠自己的力量破茧而出完成蜕变的蝴蝶和茧被外力破开的蝴蝶哪个更快乐？为什么？

活动三　来到我的生活里——我的不一般的快乐

你有过不一般的快乐吗？在下面写一写吧。

我居然 _____

我真的学到了！

下面列出了这节课的主要内容，你都掌握了吗？请根据你掌握的程度给下面每项内容后面的☆涂色。

1. 快乐真多，有大有小。☆☆☆☆☆

2. 发现和分享快乐很重要。☆☆☆☆☆

3. 战胜挫折获得的快乐，叫作不一般的快乐。☆☆☆☆☆

4. 不一般的快乐是自我成长的快乐，通过美好回忆法可以帮助我们体会不一般的快乐。☆☆☆☆☆

第一单元

第二单元

第三单元

第四单元

第五单元

我的练功房

三级功夫第一招：美好回忆法。

1. 练功目的

（1）能发现小快乐和大快乐，会享受生活中的快乐。

（2）能分辨出不一般的快乐，并能经受得住挫折，享受不一般的快乐。

（3）感受自我成长。

2. 练功要领

（1）回忆生活中快乐的故事。

（2）体验小快乐、大快乐和不一般的快乐。

美好回忆法

	生活实例	心理感受	我对自己说
我的小快乐			/
			/
我的大快乐			/
			/
我的不一般的快乐			我居然_____（感受自我成长）
			我居然_____（感受自我成长）

我的学习和练功体会

你在学习、练功的过程中有什么体会和感悟？以文字或图画的形式记录下来吧！

第一单元

第二单元

第三单元

第四单元

第五单元

第二课时 爱上心流

1. 体验心流到来时的状态，认识心流。
2. 在美好回忆中，体会与理解心流产生的条件。
3. 体会与理解引发心流的方法。
4. 学会美好憧憬法。

走进美好时光

活动一　寻找心流

过去，在很长一段时间里，人们都认为黄种人不可能在短跑和跨栏等项目中有出色的表现，直到一个人的出现，他就是刘翔。

了解了刘翔的参赛经历，请你结合下表，分析一下他在决赛中的状态如何。

时段	状态	
	行为表现	情绪
决赛前		
决赛中		
决赛后		

活动二　分享心流故事

1. 情景故事

心流如此美好，在日常生活中会不会遥不可及呢？请你先来看看下面的故事。

小早学跳绳

小早上一年级了，看到同学们都会跳绳，她羡慕极了，真想马上学会。每天晚上，只要有时间，她都会拿着绳子去练习。周五的晚上，小早又来到院子里练习跳绳。一开始她只能跳1个，慢慢地能跳2个了，跳了好长时间，终于能一次跳5个了。她特别兴奋，一直跳，后来突然就开窍了，能连着跳50多个。小早高兴极了！回到家里，她脱下鞋才发现自己的脚掌都肿了，她居然都没感觉到疼。

请你分析小早学跳绳的故事，在下表中填空。

时段	状态		心流
	内心需要和行为表现	情绪	
学会跳绳前			产生心流的_____
学会跳绳时			心流到来时的_____
学会跳绳后			心流的_____

2. 回忆心流故事

请你运用上节课学过的美好回忆法，对照我们总结出的产生心流的条件、心流到来时的状态以及产生心流后的结果，想一想自己的心流故事，在下表中写一写。

时段	状态		心流
	内心需要和行为表现	情绪	
			产生心流的_____
			心流到来时的_____
			心流的_____

3. 集体交流

请你跟同学们分享一下自己的心流故事吧。

我的心流故事：_____

_____

活动三　迎接心流

我已经……了，再……就好了！

1. 问题分析

合唱团成员薇薇每周都有三天要训练到晚上 6:30，回家后还要写作业，她想退出了。

2. 讨论

（1）薇薇为什么想退出合唱团？

_____

（2）薇薇该怎样用"红黄蓝"三句话来调整和激励自己呢？

红：我的目标_____很美好，我再专注一点就好了！

黄：我已经有进步了，（进步表现为）_____，我再自信一点就好了！

蓝：我能吃苦，我再坚持一下就好了！

3. 练一练

如果遇到下面表格中的这些问题，你要对自己说些什么，才能遇到心流？请把你想说的话填在下面的表格里。

情境问题	对自己说
1. 放假了，别人都出去玩儿了，我还要练唱歌（弹琴、上课），太烦了。	
2. 小伙伴在楼下玩儿，小弟弟也在玩游戏，我还要写课外作业，哼！	
3. 我都坚持锻炼一个月了，还是这么胖，我不想减肥了。	

我真的学到了！

下面列出了这节课的主要内容，你都掌握了吗？请根据你掌握的程度给下面每项内容后面的☆涂色。

1. 心流是一种自我突破的快乐巅峰状态。
☆ ☆ ☆ ☆ ☆

2. 产生心流的前提条件是：明确的目标，坚定的自信，努力坚持。
☆ ☆ ☆ ☆ ☆

3. 心流到来时，人处于忘我的状态，高度专注，情绪是平静、积极、舒畅的。
☆ ☆ ☆ ☆ ☆

4. 可以运用"红黄蓝"三句话迎接美好的心流，这属于美好憧憬法。
☆ ☆ ☆ ☆ ☆

我的练功房

三级功夫第二招：美好憧憬法。

1. 练功目的

在日常生活中遇到问题或烦恼时，能及时运用美好憧憬法进行自我激励。

2. 练功要领

"红黄蓝"三句话。

美好憧憬法

"拦路虎"	"红黄蓝"三句话
太枯燥了，不想做了	我的目标＿＿＿＿＿＿很美好，我再专注一点就好了！
	我已经有进步了，（进步表现为）＿＿＿＿＿＿，我再自信一点就好了！
	我能吃苦，我再坚持一下就好了！
	我的目标＿＿＿＿＿＿很美好，我再专注一点就好了！
	我已经有进步了，（进步表现为）＿＿＿＿＿＿，我再自信一点就好了！
	我能吃苦，我再坚持一下就好了！
	我的目标＿＿＿＿＿＿很美好，我再专注一点就好了！
	我已经有进步了，（进步表现为）＿＿＿＿＿＿，我再自信一点就好了！
	我能吃苦，我再坚持一下就好了！

第一单元

第二单元

第三单元

第四单元

第五单元

我的学习和练功体会

你在学习、练功的过程中有什么体会和感悟？以文字或图画的形式记录下来吧！

第二单元
我爱家的温暖

第三课时　在一起很温暖

1. 回忆和体会家人对自己的惦记和自己对家人的惦记，感受惦记带来的温暖，理解惦记是"希望……"与"不希望……"的内心需要，体会惦记的美好。

2. 觉察担忧等情绪，透视到内心的惦记，理解惦记是很重要的。

3. 通过多种方式觉察家人的情绪与需要，提升对情绪的觉察力和理解力，增进与家人之间的默契，感受默契的美好。

4. 体会和理解惦记是默契的基础。

走进美好时光

活动一　惦记

（一）家人在惦记我

1. 情景故事

我 不 孤 单

爸爸妈妈对小曼说："你想要个弟弟或妹妹吗？这样我们家就有两个孩子了，以后你们可以一起玩儿。"小曼高兴地说："好啊！"

一年后，小曼的弟弟出生了，一家人都沉浸在喜悦中。过了一段时间，小曼发现爸爸妈妈每天都围着弟弟转，她觉得自己被冷落了，好孤单。

周末，小曼想让爸爸妈妈带她去看新上映的动画片，可看到爸爸妈妈还在照顾弟弟，小曼没有说。小曼好怀念原来爸爸妈妈陪自己玩的时候啊！她回到自己的房间，拿出了相册。当看到小时候妈妈给自己洗澡、爸爸抱着自己晒太阳的照片时，小曼忽然意识到：原来小宝宝都是需要被照顾的，自己也是被爸爸妈妈照顾长大的呀！

第二天早上，妈妈拿出了两张电影票，对小曼说："小曼，你喜欢的动画片上映了，妈妈还要照顾弟弟，让爸爸带你去看吧。"小曼真是又开心又感动："原来爸爸妈妈并没有忽略我，不管多忙，都一直惦记着我呢！"

2.讨论

（1）小曼的烦恼是什么？她的烦恼正常吗？

_____

（2）看过照片后，小曼的感觉是什么？情绪有什么变化？

_____

（3）妈妈拿出电影票后，小曼的感觉是什么？情绪怎么样？

_____

（4）请你结合生活实际，说一说有了弟弟妹妹会有哪些美好。

_____

第一单元
第二单元
第三单元
第四单元
第五单元

（二）我也在惦记家人

1. 演一演

手 套

突然降温了，妈妈下班回到家，双手冻得红红的，月月看了真是心疼。第二天早上，妈妈刚要出门，月月赶紧拿了一双手套跟出来："妈妈，天冷了，您出门的时候戴上手套，手就不会冻红了。"妈妈戴上手套，亲了亲月月的脸蛋儿，开心地说："谢谢我的月月！"那天，妈妈离开家时走路的姿势都是美美的，月月的心里也甜甜的。

2. 讨论

（1）月月为什么要帮妈妈准备手套？

_____

（2）妈妈戴上月月为她准备的手套时情绪怎么样？心里会怎么想？

_____

（3）看到妈妈开心，月月的情绪怎么样？心里会怎么想？

_____

3. 分享

在你的家庭生活中，有没有爸爸妈妈惦记你，或者你惦记爸爸妈妈的温暖故事呢？跟我们分享一下吧！

感受到了什么？

惦记什么？

能做些什么？

会有怎样的情绪？

我的惦记故事：_____

_____

活动二　一个眼神就够了

1. 演一演

我来给您打下手

　　周六中午，爸爸在沙发上看报纸，妈妈在厨房准备午饭，小美在地毯上玩玩具。妈妈炒菜时从厨房向外看了一眼，恰好小美也看了妈妈一眼，她看到妈妈右手拿着铲子，左手拿着一头蒜。小美赶紧把玩具放回自己房间，蹦蹦跳跳地来到厨房，对妈妈说："妈妈，我来给您打下手吧，我会剥蒜。"爸爸听了，也放下手中的报纸，来到厨房一起帮忙。

　　不一会儿，香喷喷的午饭就做好了。

2. 讨论

（1）小美怎么知道妈妈需要帮忙呢？她为什么看了妈妈一眼？

_____

（2）除了眼神，还能从哪里看出妈妈的需要？

_____

（3）"一个眼神就够了"，此时妈妈和小美是什么情绪呢？

_____

我真的学到了！

下面列出了这节课的主要内容，你都掌握了吗？请根据你掌握的程度给下面每项内容后面的☆涂色。

1. 惦记给我们带来温暖。☆ ☆ ☆ ☆ ☆

2. 惦记他人时表现出来的情绪常常是担忧，担忧是一种关心。☆ ☆ ☆ ☆ ☆

3. 一个眼神就够了，一个动作就够了……，这就是默契。☆ ☆ ☆ ☆ ☆

4. 默契是以惦记为基础的，它会给人带来温暖。☆ ☆ ☆ ☆ ☆

我的练功房

三级功夫第三招：惦记。

1.练功目的

惦记会给我们带来温暖，经常练功，让我们的家庭生活越来越温暖。

2.练功要领

（1）用心发现生活中的细节，体会家人的需要。

（2）为爸爸妈妈做一些力所能及的、让人感到温暖的事。

惦记

我发现的	我惦记的	惦记时我的情绪	我能做的	行动后我的情绪
爸爸又咳嗽了	爸爸的身体	担心	帮爸爸戒烟	安心

温馨提示：可以借助之前学过的"表情线索"来进行练功。

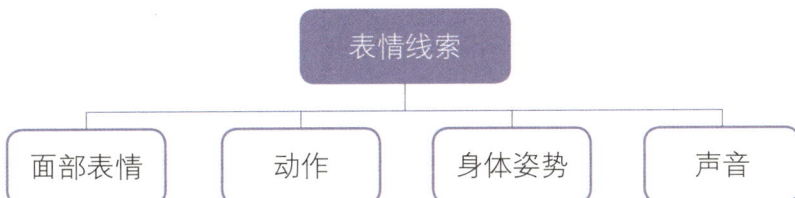

表情线索

面部表情	动作	身体姿势	声音

第一单元
第二单元
第三单元
第四单元
第五单元

我的学习和练功体会

你在学习、练功的过程中有什么体会和感悟？以文字或图画的形式记录下来吧。

第四课时　你说我听很快乐

学习目标

1.面对冲突，学会耐心听和好好说。

2."耐心听"是指静下心来，听出对方的情绪和需要；"好好说"是指控制情绪，心平气和地表达自己的情绪和需要。

3.通过"分享快乐，你说我们听"，感受"你快乐，全家都快乐"。

4.通过"分忧解难，你说我们听"，感受"你快乐，全家都快乐"。

走进美好时光

活动一　面对冲突，耐心听，好好说

1.演一演

冲　突

旁白：小曼已经做了半个小时的作业，她想放松一会儿，刚拿起手机，妈妈恰好进来了……

妈妈：小曼，你怎么又玩手机了？

小曼：怎么啦，放松一下不行吗？

妈妈：放松干吗非得玩手机？看手机对眼睛的危害多大啊……

小曼：行啦行啦，别唠叨啦！手机不让看，又不让我出去玩儿，我怎么放松？

妈妈：你还没写完作业就玩，这样怎么能学习好？你什么时候能追上你们班的小红啊？……我说让你关上，你没听见吗？（妈妈边说边抢过手机）

小曼：学习、学习，你就知道学习！

妈妈：你怎么跟妈妈说话呢？我辛辛苦苦是为了谁？苦口婆心又是为了谁？

小曼：我宁可不要！

妈妈：你再说一遍！

小曼：我就不稀罕！

妈妈气坏了，抬手就打了小曼一巴掌。小曼捂着脸，哭着跑了出去……

2. 讨论

（1）当妈妈问小曼"怎么又玩手机"时，小曼有什么情绪？

_____

（2）故事的结局是什么？这个结果是小曼和妈妈想看到的吗？这时小曼和妈妈的情绪分别是怎样的？

_____

（3）在整个故事中，妈妈的需要是什么？小曼的需要是什么？

_____

（4）如果你是小曼，你应该怎样和妈妈沟通？

妈妈：小曼，你怎么又玩手机了？

小曼：妈妈，我现在确实是_____，但刚才_____，我需要_____。

妈妈：放松干吗非得玩手机？

小曼： _____

妈妈：你还没写完作业就玩，这样怎么能学习好？你什么时候能追上你们班的小红啊？

小曼：妈妈，我请您_____，我的情绪是_____，我可以_____。

（5）耐心听指什么？好好说指什么？为什么要耐心听、好好说？

_____

活动二　分享快乐，你说我们听

1. 情景故事

夸夸爸爸很快乐

小早发现爸爸最近去上班时总是拿着一个黑色的大袋子，她想袋子里可能装着爸爸工作用的东西，就没有多问。

周六早上一起床，爸爸就开心地对小早和妈妈说："吃完早饭后我们去公园吧，我要向你们展示我新学会的滑板！"看到爸爸迫不及待的样子，小早也很兴奋。一家人急忙吃完早饭，来到了家附近的公园里。

爸爸打开黑色的袋子，原来里面装的是一块滑板。爸爸自豪地说："看好了啊，我要开始滑了！"然后，他把一只脚放在滑板上，用另一只脚在地上蹭了几下，熟练地滑了起来。爸爸滑得很快，就像一条自由自在的鱼儿在大海里游动，滑出的线条自然流畅。小早和妈妈不禁为爸爸鼓起掌来。小早骄傲地对爸爸喊道："爸爸，你好酷、好棒啊！"

2. 讨论

（1）爸爸为什么迫不及待地跟小早和妈妈分享他的快乐？

_____

（2）听了爸爸的分享后，小早的情绪怎么样？

_____

（3）听到小早的称赞，爸爸心里是什么感觉？

_____

活动三　分忧解难，你说我们听

1. 情景故事

帮助妈妈我快乐

小美妈妈的单位要组织文艺会演，新排的舞蹈可难坏了妈妈。"新排的舞蹈太难了，我根本学不会。我跳不好啊！"看着妈妈着急的样子，小美决定帮帮妈妈。怎么帮呢？小美想了很久。后来，她陪妈妈反复地看视频，一遍一遍地陪妈妈跳，不停地鼓励妈妈。在小美的帮助下，妈妈终于学会了。妈妈高兴地说："小美，你可帮了妈妈一个大忙！谢谢我的好女儿！"

2. 讨论

（1）小美为什么决定帮助妈妈？

_____

（2）小美为妈妈做了什么？她怎么知道这样做能帮到妈妈？

_____

（3）妈妈终于学会了新舞蹈，此时妈妈和小美的情绪分别是怎样的?

我真的学到了!

下面列出了这节课的主要内容,你都掌握了吗?请根据你掌握的程度给下面每项内容后面的☆涂色。

1. 面对冲突,学会耐心听和好好说,全家都快乐。☆ ☆ ☆ ☆ ☆

2. "耐心听"是指静下心来,听出对方的情绪和需要;"好好说"是指控制情绪,心平气和地表达自己的情绪和需要。☆ ☆ ☆ ☆ ☆

3. 分享快乐,你说我们听,你快乐,全家都快乐。☆ ☆ ☆ ☆ ☆

4. 分忧解难,你说我们听,你快乐,全家都快乐。☆ ☆ ☆ ☆ ☆

我的练功房

三级功夫第四招:耐心听,好好说。

1. 练功目的

和家人沟通时,学会耐心听和好好说,让家庭生活更温馨、更快乐。

2. 练功要领

(1) 耐心听,听出对方的情绪,听出对方情绪背后的需要。

(2) 好好说,控制情绪心平气和地说话,表达自己的需要。

(3) 和家人沟通如何协调"你需要"和"我需要",并体会和谐沟通带来的快乐。

（4）通过耐心听和好好说，巧妙地化解冲突。

耐心听，好好说

面对冲突，我们要耐心听、好好说。怎么听？听什么？怎么说？说什么？请填写下面的表格。

面对冲突	
冲突事件：	
耐心听	好好说
（家人的情绪）	（控制情绪）
（家人的需要）	（表达需要）

我的学习和练功体会

你在学习、练功的过程中有什么体会和感悟？以文字或图画的形式记录下来吧。

第三单元
我爱和好友
在一起的舒畅

第五课时 默契的美好

1. 知道当自己与朋友互相需要时会感到快乐，体会"一拍即合"的默契的美好。
2. 体会自己和朋友之间有"我需要，你就在"的默契的美好。
3. 体会自己和朋友之间还有"你需要，我就在"的默契的美好。

走进美好时光

活动一　互相需要，一拍即合

1. 情景故事

看 电 影

　　小天最好的朋友是小亮，他们经常一起玩。有一天，同学们聚在一起议论新上映的电影《蜘蛛侠》。这部电影正是小天一直念叨着要看的，所以他特别开心。他正想着找小亮一起去看，就看到小亮跑向他，边跑边说："小天，你现在有时间吗？我想和你一起玩。"小天说："我想去看电影《蜘蛛侠》，你能陪我吗？"小亮说："当然，这

是你一直想看的电影，我也特别想看，咱们一起去看吧！"

2. 讨论

（1）听到小亮的话，小天的情绪是怎样的？他会做出什么动作？为什么会这样？

_____

（2）"一拍即合"是怎么发生的？

_____

（3）故事中小天和小亮之间是"互相需要"还是有"共同需要"？

_____

（4）你和朋友之间有没有这样的默契故事？请你写一写。

_____

活动二　我需要，你就在

1. 情景故事

演 讲 比 赛

今天，小天第一次参加演讲比赛。他走进会场后，全身僵硬、笔直地坐在座位上，面无表情，也不说话，手里拿着演讲稿呆呆地坐着，跟平时很不一样。旁边的小亮觉察到了小天的异样，用手指戳戳他，关切地问："你很紧张吗？"小天点点头。于是小亮拿起笔，在小天的演讲稿上写了大大的两个字：加油。小天看到这两个字，用颤抖的声音说："我好像把已经背熟的词又给忘了。"小亮思索了一会儿，说："你就像平时学习那样，用笔把容易忘的词画出来，再背一背，

就不会忘词了。"小天深吸了一口气，按照小亮说的边画边背，不一会儿感觉自己又记熟了。比赛时，小天不那么紧张了，还取得了理想的成绩。赛后，他满怀感激地对小亮说："谢谢你的提醒！"

2.讨论

（1）开始时小天的情绪是怎样的？这一情绪对小天产生了怎样的影响？

_____

（2）小亮为小天做了什么，使小天不那么紧张了？小亮怎么知道做这些能帮助小天？

_____

（3）为什么小亮能够为小天提供帮助？小亮怎么知道小天需要这样的帮助？

_____

活动三　你需要，我就在

1.情景故事

补　作　业

早上上学时，小天发现小亮闷闷不乐，与平时不太一样。小天走过去问小亮怎么了，小亮低着头回答："我昨天晚上看课外书看得太晚了，作业没写完。下午就该收作业了，我肯定完不成，如果老师告诉我妈妈，我就完蛋了！"小天想了想，说："没事儿，你可以利用课间和中午的时间补上，我陪着你，有不会的我教你。"在小天的帮助下，小亮终于按时交上了作业。

2. 讨论

（1）开始时小亮的情绪是怎样的？这种情绪带来了什么影响？

（2）小天怎样帮助小亮完成了作业？他具体做了什么？

（3）为什么小天能够为小亮提供帮助？小天怎么知道小亮需要这样的帮助？

（4）小天成功帮助了小亮，他有什么感受？

我真的学到了！

下面列出了这节课的主要内容，你都掌握了吗？请根据你掌握的程度给下面每项内容后面的☆涂色。

1. 默契有三种模式：共同需要和互相需要，所以"一拍即合"；我需要，你就在；你需要，我就在。☆ ☆ ☆ ☆ ☆

2. 朋友间的默契来源于彼此的惦记、观察和倾听。☆ ☆ ☆ ☆ ☆

3. 默契让我们温暖又舒畅。☆ ☆ ☆ ☆ ☆

第一单元
第二单元
第三单元
第四单元
第五单元

我的练功房

三级功夫第五招：我在你身边。

1. 练功目的

不断练习觉察别人的情绪，理解情绪背后的需要，并体验由此带来的默契的美好。

2. 练功要领

（1）情绪觉察。

（2）体会因为惦记，通过观察、倾听进行觉察，了解对方的需要。

我在你身边

你的朋友遇到困难时有哪些异常行为？请你联系生活实际完成表格。

朋友的行为表现	觉察朋友的情绪	理解朋友的需要	我的感受	我为朋友提供的帮助

我的学习和练功体会

你在学习、练功的过程中有什么体会和感悟？以文字或图画的形式记录下来吧。

第一单元

第二单元

第三单元

第四单元

第五单元

第六课时　冲突的美好

学习目标

学习目标

1. 理解朋友间产生冲突的原因：需要或反应模式不同，并且希望对方的需要或反应模式与自己相同。

2. 学会用"善待冲突法"来解决朋友间的冲突：首先要珍惜友谊，然后要了解和尊重朋友与自己不一样的需要和反应模式。

3. 理解冲突可能会让朋友间的关系变得更亲密。

走进美好时光

活动一　不"打"不相"识"

1. 情景故事

打 球 风 波

下课铃声响了，小天赶紧从书桌里拿出一本书，小心翼翼地翻到夹着书签的那一页，认真地读了起来。"小天，小天……，我叫你好几声了，你怎么不理我呀？"小天抬头一看，发现小早拿着乒乓球拍站在门口喊他。"小天，咱们去打乒乓球吧，快点儿，上一局还没分出胜负呢！"小早着急地说。"我不去打球了，我要把这故事读完，你自己去吧。"小天说着，目光又回到了他的课外书上。小早一听着急了："你不去怎么行呢？上一局还没分出胜负呢。书什么时候都能看，快点儿走吧，要不一会儿球台被占了。"说话间，小早已从门口冲到了小天的座位前，伸手去拽小天的胳膊，想拉他起来去打球。小天正要翻书，胳膊被小早一拽，只听刺啦一声，书被撕了一个大口子。小天愣了一下，看了看手中的书，冲小早吼了起来："你真讨厌！我就是不想去打球了，你干吗拽我呀？你弄坏了我的书，你赔！"旁边的小早也愣在了那里，她没想到会将小天的书撕坏。但是，听到小天冲自己吼，她也很生气："你吼什么吼，我也不是故意的，谁让你不陪我打球，哼！"说完，小早生气地跑出了教室，留下小天在座位上伤心地抹眼泪。

2.讨论

（1）故事结束时，小天和小早分别是怎样的情绪？

（2）小天和小早这对好朋友产生冲突的原因是什么？

第一单元

第二单元

第三单元

第四单元

第五单元

3. 情景故事

木 头 人

　　小美和小曼是一对好朋友。大课间自由活动时，她们相约一起到学校的花园去散步。来到花园中，小曼看到满园盛开的花朵，高兴得不得了，蹦蹦跳跳地转了好几圈，转身对小美说："小美你看，花园里的花好漂亮啊！我好喜欢这些花呀！"小曼的声音里透着欣喜。"哦。"小美淡淡地说。"什么是'哦'呀，看到这么漂亮的花，你不觉得高兴吗？你不喜欢花吗？"小曼有点儿生气地对小美说。"我喜欢花呀。"小美有点儿蒙。"那我和你说这花漂亮、我很喜欢，你'哦'什么！没有情趣，跟木头人一样。好心情都被你给破坏了，真烦！我以后再也不和你这样的木头人玩了！"说完，小曼转身就走了，剩下小美自己呆呆地站在那里。

4. 讨论

（1）小曼和小美这对好朋友产生冲突的原因是什么？

＿＿＿＿＿＿＿＿＿＿＿＿＿＿＿＿＿＿＿＿＿＿＿＿＿＿＿＿

（2）如果你是小曼或小美，你会怎样解决冲突？

＿＿＿＿＿＿＿＿＿＿＿＿＿＿＿＿＿＿＿＿＿＿＿＿＿＿＿＿

活动二　善待冲突

小天和小早的友情后来怎么样了？经历过冲突后他们还是好朋友吗？让我们一起看看接下来的故事。

1. 情景故事

打球风波（续）

三天后的晚上，小天在家里开生日会，和朋友们一起庆祝生日。大家正分蛋糕时，门铃响了。小天高兴地去开门，打开门后，他愣住了，原来是小早站在门外。"小早，你怎么来了？"小天吃惊地问。"小天，生日快乐！"小早低着头，手里拿着一本书，鼓起勇气说："我是来向你道歉的。我那天撕坏了你的书，让你伤心了。当时我只是想让你陪我一起去打球，不是故意的。这是送你的生日礼物——《哈利·波特》。""你怎么知道今天是我的生日？你怎么知道那本书是《哈利·波特》？"小天看着小早，激动地问。原来，那天小早不小心撕坏了小天的书，跑出去之后，她并没有去打球，而是跑到教室后门，在门外偷偷地观察小天。她看见明明在安慰小天，听到小天伤心地对明明说："这是我最喜欢的《哈利·波特》，周三是我的生日，这是妈妈特意买给我的生日礼物。"小早看到小天伤心，心里也很难过，悄悄记下了小天的话，为小天准备了《哈利·波特》作为生日礼物，并且真诚地向小天道歉。小天感动地说："小早，我也不好，没有考虑到你的感受，还冲你吼……。谢谢你来参加我的生日会！"小天连忙邀请小早进屋，两个好朋友一起高兴地去吃蛋糕了。打球风波之后，小天和小早关系更好了，不是一起读《哈利·波特》，就是一起打乒乓球。

2.讨论

（1）小天和小早是怎样化解冲突的？

_____

（2）生日会后他们的友情怎么样了？

_____

小美和小曼的友情又怎么样了？让我们再来看看小美和小曼的故事吧。

3.情景故事

木头人（续）

自从对小美发了脾气，责备小美是木头人之后，小曼心里一直感觉不舒畅。没有小美的陪伴，她老觉得少了点什么。"那么漂亮的花，小美难道不喜欢吗？不对，她说了她也喜欢呀。可为什么我跟她说花很漂亮、我很喜欢的时候，她只是'哦'了一声？……"小曼自问自答，心里充满了困惑。"就算小美不喜欢花，我也不应该说她是木头人呀！"想到这里，小曼有点懊悔，她想找机会和小美聊聊。

放学的时候，小曼偷偷地观察着小美。她见小美收拾完书桌，背起书包朝学校的花园走去。"小美放学不回家，去花园干什么？"

小曼犹豫再三，还是决定跟过去看看。小曼悄悄地来到花园，她看见小美一手拿着笔一手拿着本子，坐在花坛对面的座椅上，似乎在写着什么。"难道她想在花园里写作业？"小曼心里嘀咕着。她悄悄地走近小美，发现小美原来是拿着速写本在画花。"小美，你画的花好漂亮呀！"小曼忍不住喊了出来。"小曼！你怎么来了？"小美吃惊地问。"我来看看你在做什么。"小曼有点不好意思。"我在画花。你看我画的月季花怎么样？前面还有我画的牵牛花呢。"说着，小美把自己的速写本递给小曼欣赏。"小美，你画了这么多漂亮的花呀，画得真好！"小曼不由地赞叹道。"原来你这么喜欢花，我上次错怪你了，还说你是木头人，真对不起。"小曼有点不好意思地说。"没关系，可能是我的表达有问题，惹你生气了。"小美笑着说。"对呀，你明明这么喜欢花，我上次和你说花很漂亮、我很喜欢的时候，你干吗就'哦'了一下，表现得那么无所谓呀？"小曼着急地追问。"你以为所有人都和你一样，看到喜欢的东西就会很明显地表现出来呀。"小美笑着说，"这张明信片是送给你的，我在上面画了你最喜欢的玉兰花。"说着，小美从书包里拿出自己手绘的明信片递给小曼。"你太好了！小美，我要和你一起画，把这些漂亮的花都画下来！"小曼激动地抱住小美，弄得小美有点不知所措。

4.讨论

（1）小曼和小美是怎样化解冲突的？

_____

（2）面对冲突，小美有没有主动去解决？

_____

（3）经过这次冲突，她们的友情怎么样了？

_____

我真的学到了！

　　下面列出了这节课的主要内容，你都掌握了吗？请根据你掌握的程度给下面每项内容后面的☆涂色。

1.朋友间产生冲突的原因：需要或反应模式不同，并且希望对方的需要或反应模式与自己相同。☆☆☆☆☆

2.可以用"善待冲突法"来解决朋友间的冲突：首先要珍惜友谊，然后要了解和尊重朋友与自己不一样的需要和反应模式。☆☆☆☆☆

3."你需要＋我需要""你反应＋我反应"，掌握了需要密码和反应密码，我们就能成为友谊密码高手和冲突解决高手。☆☆☆☆☆

4.通过沟通解决冲突可以让朋友间的关系变得更加亲密。☆☆☆☆☆

我的练功房

三级功夫第六招：善待冲突法。

1. 练功目的

体会朋友间因善待冲突带来的更牢固、更美好的友谊。

2. 练功要领

（1）运用美好回忆法和美好憧憬法，不放弃友谊。

（2）分析冲突产生的原因（需要或反应模式不同，并且希望对方的需要或反应模式与自己相同）。

（3）主动解决冲突。

（4）体会善待冲突后的美好感受。

善待冲突

冲突事件	美好回忆法 美好憧憬法	朋友的需要 或反应模式	我的需要或 反应模式	解决冲突的方法

我的学习和练功体会

你在学习、练功的过程中有什么体会和感悟？以文字或图画的形式记录下来吧。

第四单元
我爱团队的和谐

第七课时　我爱团队

学习目标

　　1.体会团队给自己带来的温暖和智慧，认识到自己需要团队。

　　2.体会团队的任何事情都需要团队成员共同努力，理解团队中各种角色都很重要。

　　3.能够觉察团队的各种需要，理解团队需要自己。

走进美好时光

活动一　我需要团队

1. 情景故事

谢　谢　你　们

　　在一节学习分类统计的数学课上，老师给大家播放了一段视频，要求6个同学一组，观看视频并合作统计6分钟内十字路口经过的车辆的数量。

　　阳阳听了老师的要求，想都没想，就对同组的小伙伴说："你们5个一组吧，不就是数数嘛，我一个人就行，不需要跟你们合作。"其他组员听他这么说，就没再管他，分工后各自去做准备了。

　　当大屏幕上播放视频时，同学们都按照分工数着快速驶过路口的车辆。阳阳数着数着，发现车辆越来越多，速度也越来越快，看得他眼花缭乱。他感到有些力不从心了。视频播放结束时，阳阳不停地在纸上写写画画，还是不能确定路口经过的车辆的数量。

这时，老师说要再播放一遍视频，并要求小组合作统计 6 分钟内经过路口的不同类型车辆的数量。阳阳心想："难度更大了，怎么办？我一个人怎么统计这么多种车？"马上就要开始了，阳阳怎么也想不出好办法。想重新加入小组，可刚才他已经说了大话，不知道该如何跟大家解释。

这时，同组的月月正好看了下阳阳。她看到阳阳眉头紧锁，在纸上画了数、数了画，就知道阳阳进展得并不顺利。于是，月月邀请阳阳重新加入小组："阳阳，你遇到困难了吗？要不要回到我们组？我们 5 个人要完成下一个任务也有点吃力，就差你了。""对不起，我，我……"阳阳惭愧得满脸通红。小组其他成员听到了，也都邀请阳阳回来。小美说："没关系，快来吧，不然咱们就完不成了。"小曼说："太好了，人多力量大！"珊珊说："我们正在讨论下个任务的分工，你有什么好主意吗？"就连平时不爱跟别人交流的浩浩也朝他露出了友好的笑容。阳阳顿时感觉心里暖暖的，说："谢谢你们！我一定好好配合大家。"

接下来，大家你一言我一语，很快商量出了统计方法并进行了分工。最终，他们又快又好地完成了统计任务，得到了老师的夸奖。

这是我们团队的智慧！

小美	小曼	阳阳	月月	珊珊	浩浩
自行车	摩托车	公交车	小轿车	卡车	货车
14	8	18	9	23	12

2. 讨论

（1）阳阳发现自己一个人无法完成统计任务时先后出现了什么样的情绪？

_____

（2）团队其他成员为阳阳做了什么？他们所做的满足了阳阳内心的哪些需要？

_____

（3）阳阳最终的心情是怎样的？你觉得他有什么话要对团队其他成员说？

_____

活动二　团队需要我

1. 情景故事

元旦联欢会

四年级二班的学生最近在筹备元旦联欢会。珊珊觉得自己没有什么特长，也不会表演，这次的元旦联欢会跟自己没有太大关系。她看着其他准备表演的同学为这次联欢会忙来忙去，自己却不能上台，感觉班级里有没有她都一样，心里很失落。这天下课后，班长月月找到了她，对她说："珊珊，我记得你很喜欢摄影，开元旦联欢会那天你能负责照相吗？"珊珊心想：不能上台也没关系，能为大家照相也很好啊。于是她开心地说："好啊！"到了元旦联欢会那天，珊珊一早就带着特意准备的相机来到会场，帮大家照了很多照片。

一周后，看到活动展示墙上一张张元旦联欢会的照片，大家都很开心，仿佛又回到了那天的欢乐时光。月月说："珊珊，你拍照技术太好了！下次班级活动还找你拍照。"阳阳说："真感谢珊珊用相机为我们留住了这些值得纪念的时刻。"小美说："珊珊，你把我们照得这么好看，有你真好！"小曼说："有了珊珊，这次元旦联欢会更圆满了。"看着自己拍摄的一张张照片，听着同学们的夸赞，珊珊觉得特别开心：原来，班级一直需要她！

2. 讨论

（1）这次元旦联欢会如果没有人照相会怎么样？

（2）这次是班长主动找珊珊照相，如果下次班长没有主动找她，珊珊该怎样做呢？

活动三　来到我的生活里

你还记得自己为团队做贡献的美好故事吗？请根据你的故事填写下表。

我为团队做贡献

	在什么活动中	做过什么事情	有何意义
我的回忆			
团队成员帮我回忆			

我真的学到了！

下面列出了这节课的主要内容，你都掌握了吗？请根据你掌握的程度给下面每项内容后面的☆涂色。

1. 团队给我温暖、给我智慧，我需要团队。
☆ ☆ ☆ ☆ ☆

2. 团队的任何事情都需要大家共同努力，团队中各种角色都很重要。
☆ ☆ ☆ ☆ ☆

3. 要善于发现团队的各种需要，团队需要我。 ☆ ☆ ☆ ☆ ☆

我的练功房

三级功夫第七招：我需要团队。

1.练功目的

通过回忆自己在团队中得到帮助的故事，体会团队给自己带来的温暖和智慧，认识到自己需要团队。

2.练功要领

分析当时自己遇到的困难、自己的情绪以及自己到底需要什么，感受团队成员是怎样帮助自己的。

我需要团队

我遇到的困难	我的情绪	我的需要	团队成员是怎样帮助我的	得到帮助后我的情绪
要参加舞蹈比赛，动作不标准	焦虑、着急	矫正动作细节	小红陪我练习 小超帮我播放伴奏音乐 小丽帮我纠正动作	在感激的核心情绪里感受到温暖、舒畅、开心、放松、安心

我的学习和练功体会

你在学习、练功的过程中有什么体会和感悟？以文字或图画的形式记录下来吧。

第八课时　共振与交响之美

学习目标

1. 理解团队共振的主要特征是协调一致，产生团队共振的条件是团队成员有共同的目标，并且为了实现目标进行自我调整。

2. 感受团队共振的协调一致之美、力量与伟大之美。

3. 理解团队交响的主要特征是成员之间此起彼伏的呼应。

4. 体会团队交响中的此起彼伏是由团队成员不同的反应模式带来的。

5. 感受团队交响的此起彼伏之美、丰富多彩之美。

走进美好时光

活动一　共振

1. 认识共振

请你和老师一起，通过观看共振实验来了解共振。

2. 讨论

（1）看了共振实验，请你想一想：什么是共振？共振的特征是什么？

（2）生活中有哪些体现团队共振的例子？

_____

（3）团队共振有什么特征？

_____

（4）团队共振给你带来了怎样的美好？

_____

活动二　交响

前面我们讨论了团队共振的美好，其实在团队中除了共振以外，还有另一种美。是什么呢？我们快去看一看。

1. 了解交响乐

你听过交响乐吗？知道什么是交响乐吗？请你跟随老师一起了解一下吧。

2. 讨论

（1）你感受到交响乐的美了吗？你能说说它美在什么地方吗？

_____

（2）你觉得交响乐的美与共振的美有什么不同？

_____

（3）在我们的团队合作中有没有产生过这种美妙的"交响乐"呢？

_____

活动三　来到我的生活里

1. 演一演

我们小组的新年节目诞生了

快过年了，班里要组织新年联欢会。班委会经过讨论，决定让每个小组自编自演一个节目。

月月说："太好了！我们要编自己的节目了！"

小强附和说："我们组肯定能编出班里最好的节目！"

"编什么节目呢？"一旁的小曼眨巴着眼睛，好奇又疑惑地问。

"其他组的同学也都多才多艺，要当第一很难。"齐齐面露难色。

听了齐齐的话，浩浩着急了："那怎么办呢？这样，我先去看看别的小组有什么进展。"

这时，小曼好像受到了启发："咱们先分析一下我们每个人的特长，怎么样？"

月月开心地说："对呀，我们每个人都是有特长的呀！"

"对，把我们的特长都展现出来，就能编出最好的节目了！"小强觉得心里充满了希望。

说干就干，齐齐马上拿出纸和笔："咱们现在就分析一下吧。"

月月说："我会弹古筝，但是就会一点点。对了，最近老师正在教《喜洋洋》，我很喜欢。"

齐齐说："太好了！月月，你就演奏《喜洋洋》吧。"

小曼又眨着眼睛说："那也不能月月一个人表演吧？"

齐齐认真地提醒大家："一个人表演的节目不能算是小组的节目，小组的节目应该是小组成员都要上台才行的。"

小强马上说："我可以陪月月……可是怎么陪呢？不能就站在那儿吧。"小强着急地挠着头。

这时，浩浩回来了，他告诉大家："别急，别的小组也都没想好演什么节目呢。"

小强说："我们组已经有进展了。"

浩浩让小强介绍了小组的进展。

小曼突然想到了什么，对小强说："小强，你喜欢唱歌，还有打击乐，你怎么忘了？"

"可是，我才刚学了一点，不敢演奏。"小强边说边摆手。

月月也想起来了："我看过一个《喜洋洋》的视频，里面有一个演员用木鱼伴奏。那个可简单了，只要跟上节奏就可以了。小强，你肯定行！"

齐齐提醒大家："现在只有两个人上台，谁还可以上台呢？"

"上台干什么呢？"小曼问。

浩浩说："上台可以表演相声、朗诵、唱歌……"

小曼说："我喜欢台上演员和台下观众互动，比如演员走到观众席和大家一起唱歌。但咱们怎么互动呢？"

齐齐提醒大家说："咱们还是回来分析每个人的特长吧。"

浩浩说："齐齐，你的毛笔字写得好！"

小曼开心地说："齐齐，你就多写些'喜'字吧，现场可以送给同学们，大家肯定特别高兴。"

这时候，浩浩急了："小曼，我们俩干什么呢？"

小强说："你们俩来一个新年祝福的朗诵吧。"

"那谁写朗诵稿呢？要写出我们的心声。"齐齐说。

浩浩对着小曼说："小曼，你写吧，你的文章写得好。"

小曼说："我可以写，但我没写过新年祝福，怎么写呢？"

浩浩说："新年祝福就是祝福老师、祝福同学们呗！"

"我试试吧，我写出来大家帮我改，行吗？"小曼期待地看着大家。

"可以。""没问题。""一定。"大家纷纷说。

这时候，齐齐举起记录单问大家："我们小组的节目就叫'喜洋洋'怎么样？"

"同意！"小组的节目就在大家异口同声的回答中产生了。

2. 画图

请你根据故事中不同人物的反应模式，画出前 8 个自然段中小组成员的情绪起伏图。

情绪起伏图

3. 讨论

情绪起伏图中的"此起彼伏"是怎样造成的呢？

我真的学到了！

下面列出了这节课的主要内容，你都掌握了吗？请根据你掌握的程度给下面每项内容后面的☆涂色。

1.团队共振的主要特征是协调一致，产生团队共振的条件是团队成员有共同的目标，并且为了实现目标进行自我调整。☆☆☆☆☆

2.我们能感受到团队共振的协调一致之美、力量与伟大之美。
☆☆☆☆☆

3.团队交响的主要特征是团队成员之间此起彼伏的呼应。☆☆☆☆☆

4.团队交响中的此起彼伏是由团队成员不同的反应模式带来的。
☆☆☆☆☆

5.我们能感受到团队交响的此起彼伏之美、丰富多彩之美。
☆☆☆☆☆

我的练功房

三级功夫第八招：欣赏团队交响之美。

1.练功目的

（1）感受团队交响的此起彼伏之美、丰富多彩之美。

（2）体会团队成员不同的反应模式在此起彼伏中的作用。

2. 练功要领

（1）填写团队交响表。

（2）画出团队成员的情绪起伏图。

（3）体会每个成员的反应模式在此起彼伏中的作用。

团队交响

团队活动内容	团队成员	情绪反应模式		
		情绪的正负向	情绪强弱	情绪持续度

情绪起伏图

健康宣言

遇 见 美 好

我有大大小小的快乐，

我也有不一般的快乐，

快乐都是美好的。

美好是耐心听，

美好是好好说，

美好是惦记和陪伴，

美好是共振和交响。

默契里有美好，

冲突里也有美好。

让我们享受在一起的美好，

让我们憧憬明天更美好！

我愿意回忆昨天的美好，留住今天的美好，憧憬明天的美好。让我们每天的生活都美好！

宣誓人：＿＿＿＿＿＿

＿＿＿年＿＿＿月＿＿＿日

我的学习和练功体会

你在学习、练功的过程中有什么体会和感悟？以文字或图画的形式记录下来吧。

第一单元

第二单元

第三单元

第四单元

第五单元

第五单元

"大功告成"：
我的练功单元

从这一单元开始，你将进入练功单元的学习和实践。期待你的练功分享，更期待你的成长！

这一单元我们将进行两个"大功"——"惦记"和"欣赏团队交响之美"的练功分享。在第一个"大功"分享之前，你要根据"惦记"练功，每周完成一张练功单的填写（见第九课时附件）。在第二个"大功"分享之前，除了完成练功单的填写，每个小组还要画好团队交响图（团队交响图示例见第十课时）。

"大功"分享之前是自我练功阶段，请你和三位同学组成四人小组，经常交流练功情况。在每个小组内，你们可以轮流组织交流活动，每周一次。现在，请你们商量确定每周小组交流的负责人，并填到下表中。

时间	"惦记" 练功交流负责人	"欣赏团队交响之美" 练功交流负责人
第一周		
第二周		
第三周		
第四周		

我们将在每周五用 15 分钟的时间进行组内交流，交流后请你把填好的"惦记"练功单（第九课时）或"欣赏团队交响之美"练功单（第十课时）交给老师保存。完成最后一次组内交流后，你们小组要推荐一位同学在练功分享课上与全班同学分享。在练功分享课上，你们小组的负责人要说明你们组的推荐理由，同时组内同学要把分享的这位同学的"惦记"故事或"团队交响"故事表演出来。每组的分享时间只有 3 分钟，请你们好好准备。

第九课时　"惦记"练功分享

学习目标

1. 通过和家长一起分享练功情况，感受彼此之间的惦记。

2. 能够通过对情绪的觉察和理解，制订惦记家人的目标并开展行动，体会惦记带来的温暖和默契。

走进美好时光

活动一　练功分享

你还记得我们学过的三级功夫第三招"惦记"吗？惦记会给我们带来温暖，经常练功，我们的家庭氛围会越来越温暖。请你在同学分享的练功故事中选择你最喜欢的一个故事，填写下表。

我发现的	我惦记的	惦记时我的情绪	我能做的	行动后我的情绪

（1）在这位同学的故事里，你感受到了什么？对你的"惦记"练功有什么启发？

（2）在"惦记"练功单里，"惦记"练功的五个方面都是必须要填的吗？

_____

活动二　我的惦记，爸爸妈妈知道吗？

请你与父母进行交流，把自己的惦记说给父母听。

活动三　孩子，你的惦记我知道了

请你的父母听完你惦记他们的故事之后，谈谈他们的感受。

活动四　分享惦记故事

请你重点分享与父母沟通后父母和自己的感受。

附件

"惦记"练功单

我发现的	我惦记的	惦记时我的情绪	我能做的	行动后我的情绪

"惦记"练功单

我发现的	我惦记的	惦记时我的情绪	我能做的	行动后我的情绪

"惦记"练功单

我发现的	我惦记的	惦记时我的情绪	我能做的	行动后我的情绪

第一单元
第二单元
第三单元
第四单元
第五单元

第十课时　"欣赏团队交响之美"练功分享

1. 理解团队交响的主要特征是团队成员之间此起彼伏的呼应，体会团队成员不同的反应模式在此起彼伏中的作用。

2. 理解团队成员不同的反应模式在实现团队目标中的意义和作用。

3. 提升相互倾听、相互欣赏，有矛盾时进行协调、促进彼此成长的能力。

走进美好时光

活动一　体会团队交响的此起彼伏之美

（1）在同学们的练功分享中，你能感受到什么样的团队交响？

_____

（2）请你根据自己最喜欢的一个"团队交响"故事，画出故事中团队成员的情绪起伏图。

情绪起伏图

活动二　体会团队交响中每个团队成员的作用

在同学们分享的"团队交响"故事中，每个团队成员的反应模式（情绪的正负向、强弱和持续度）分别是什么样的？请你选择一个故事，填写下表。

团队活动内容	团队成员	情绪反应模式		
		情绪的正负向	情绪强弱	情绪持续度

第一单元　第二单元　第三单元　第四单元　第五单元

活动三　体会团队交响之美发生的条件

（1）在你选择的"团队交响"故事中，每个成员在团队中起到了什么作用？

_____

（2）请小组成员展示团队交响图（交响图示例如下）。

团队交响图

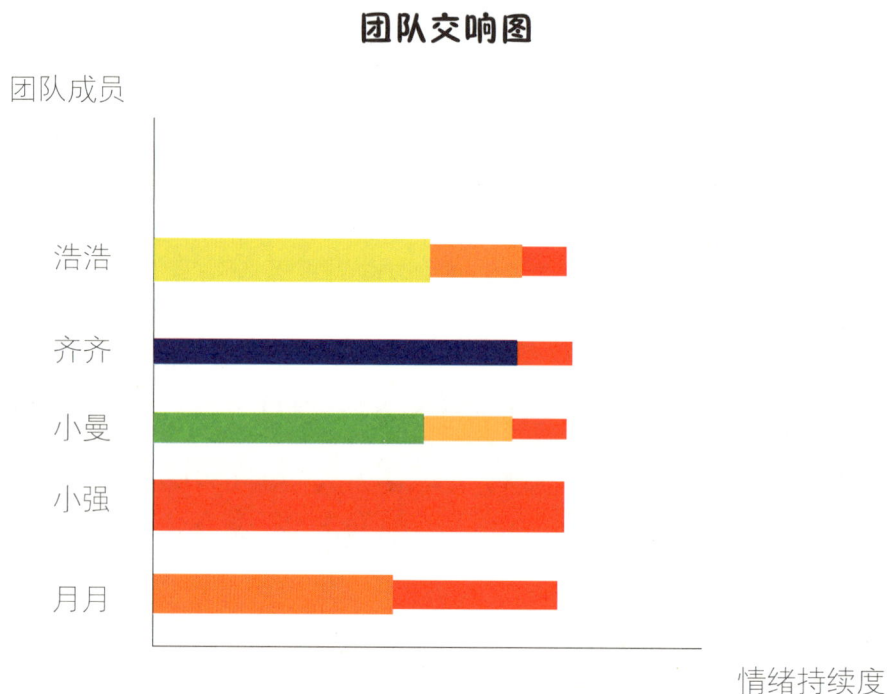

团队成员

浩浩

齐齐

小曼

小强

月月

情绪持续度

【说明】以《我们小组的新年节目诞生了》为例，画出上面的团队交响图，其中情绪的正负向用不同颜色表示，情绪强弱用横条的粗细表示，情绪的持续度用横条的长短表示。

附件

"欣赏团队交响之美" 练功单

团队活动内容	团队成员	情绪反应模式		
		情绪的正负向	情绪强弱	情绪持续度

"欣赏团队交响之美" 练功单

团队活动内容	团队成员	情绪反应模式		
		情绪的正负向	情绪强弱	情绪持续度

"欣赏团队交响之美" 练功单

团队活动内容	团队成员	情绪反应模式		
		情绪的正负向	情绪强弱	情绪持续度

团队交响图

团队成员

情绪持续度